5回で折れる 季節と行事の おりがみ

いしかわ☆まりこ

① はる

〜さくら・ちょうちょ・おひなさまほか〜

汐文社

はじめに

おりがみってむずかしい？
この本で紹介する作品は、なんとたった5回のステップでできあがり！

この本でははるをイメージした作品がたくさん折れるよ。
入学式や遠足、ひなまつりやこどもの日…はるは心わくわくの行事がいっぱい！
はじまりの季節をおりがみ作品がもりあげてくれるよ。

すぐにできちゃうから、いろんな色や柄のおりがみでたくさんつくってね。友だちや家族といっしょにあそんだり、教室やおうちにかざったり！
プレゼントになるおりがみもあるよ。
ただの四角い1まいの紙が、いろんな形に変身しちゃうおりがみってすごい！
さあ、はるのおりがみをつくって楽しもう♪

いしかわ☆まりこ

折りかたのきほん

三角折りをしてみよう！　★左ききさんは手が反対になるよ！★

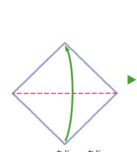

角と角をあわせて三角に折る。

しっかりおさえて、手でアイロンするみたいに角のところから下におろす。

アイロンする指で折り目をつける。

三角折りのできあがり！

もくじ

- はじめに …………… 2
- この本の使いかた … 3
- 材料・道具 ………… 4
- 折りかたのマーク・折りかた ………… 5
- はるがきた！……… 6
- てんとうむし ………… 8
- さくら ……………… 10
- くしだんご ………… 12
- うさぎ ……………… 14
- イースターエッグ …… 16
- ひよこ …………… 18
- チューリップ ……… 20
- ちょうちょ ………… 22
- サンドイッチ ……… 24
- いちご …………… 26
- おにぎり ………… 28
- バス ……………… 30
- おひなさま ……… 32
- こいのぼり ……… 34
- ハンドバッグ ……… 36
- もっとつくろう!! … 38

この本の使いかた

作品の名前。英語もかいてあるよ

ふきだしの中はつくりかたのポイントやヒントだよ

おりがみのサイズ

折り図。1〜5までのステップにまとめてあるよ。わかりやすいように、途中で図が大きくなることがあるよ。

「○センチ折る」のように、長さの指定があるときは、めもりを使うとべんりだよ。
むずかしい人は、ぴったりはからなくても、図を見てだいたいで折ってもだいじょうぶ！
うまくいかないときは、少しずらして折りなおしてみようね。

材料・道具

おりがみ

この本の作品は **15×15**センチ、**7.5×7.5**センチ（小サイズ）のものを使っているよ。ほかのサイズもいろいろあるから、ためしてみてね。もようも作品にあわせてえらぼう！

もよういろいろ！

サイズいろいろ

道具

のり　　セロハンテープ　　両面テープ　　ものさし　　はさみ

＋アイテム

あなあけパンチ　　ペン　　丸シール　　マスキングテープ

あなあけパンチで目のパーツをつくろう。おりがみを半分に折ってあなあけパンチでぬくと、同時に2まいの丸い形ができるよ。うさぎの目にしたり、アイデアしだいでいろいろ使える！

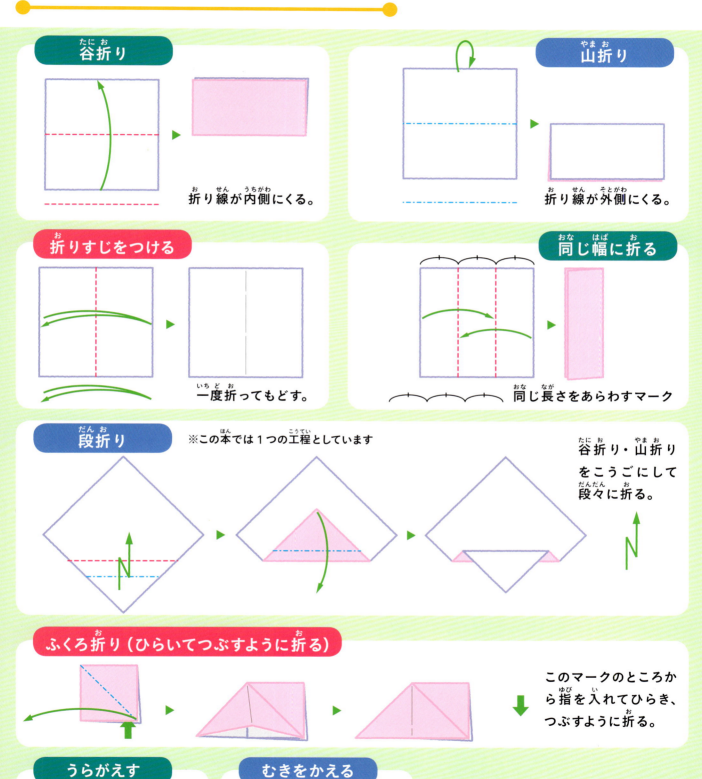

LADYBUG
てんとうむし
はるを知らせるてんとうむしは幸運のシンボル！

丸シールをはったり水玉もようのおりがみを使うといいよ！

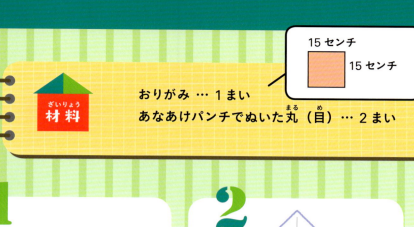

材料
おりがみ … 1まい
あなあけパンチでぬいた丸（目）… 2まい

15センチ × 15センチ

1
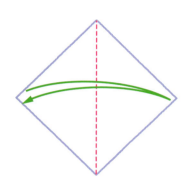
半分に折りすじをつける。

2
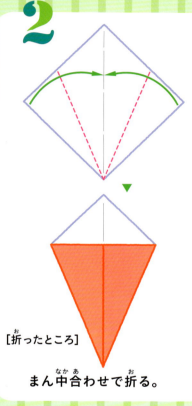
［折ったところ］
まん中合わせで折る。

3
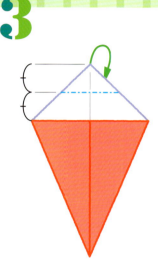
上の三角の半分を山折りする。

4
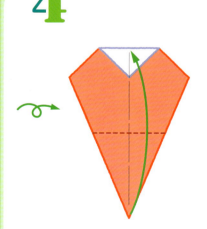
うらがえして下の角を上のふちにあわせて折る。

5
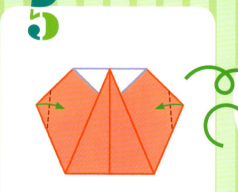
左右を少し折る。

できあがり

うらがえしてむきをかえ、目ともようをつけたらてんとうむし！

さくら

CHERRY BLOSSOM

であいとわかれの季節、思い出をのせてひらひら…

花びらをたくさんつくって
ひらひらちらすように
かざるときれいだよ！

材料　おりがみ … 小サイズ 5 まい　7.5 センチ／7.5 センチ

1
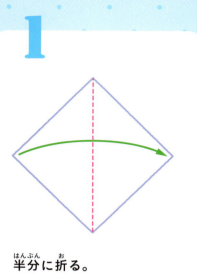

半分に折る。

2
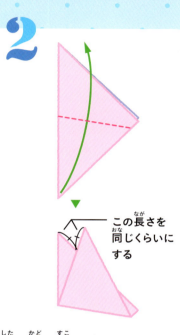

この長さを同じくらいにする

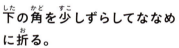

下の角を少しずらしてななめに折る。

3
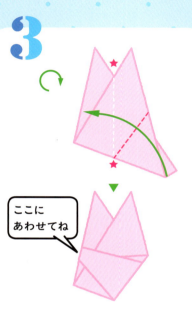

ここにあわせてね

★と★がまっすぐになるようにむきをかえて、図のように折る。

4
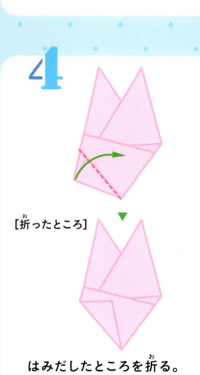

[折ったところ]

はみだしたところを折る。

5

うらがえして花びら1まいできあがり！　あと4つ同じものをつくる。

できあがり

5まいならべたらさくら！

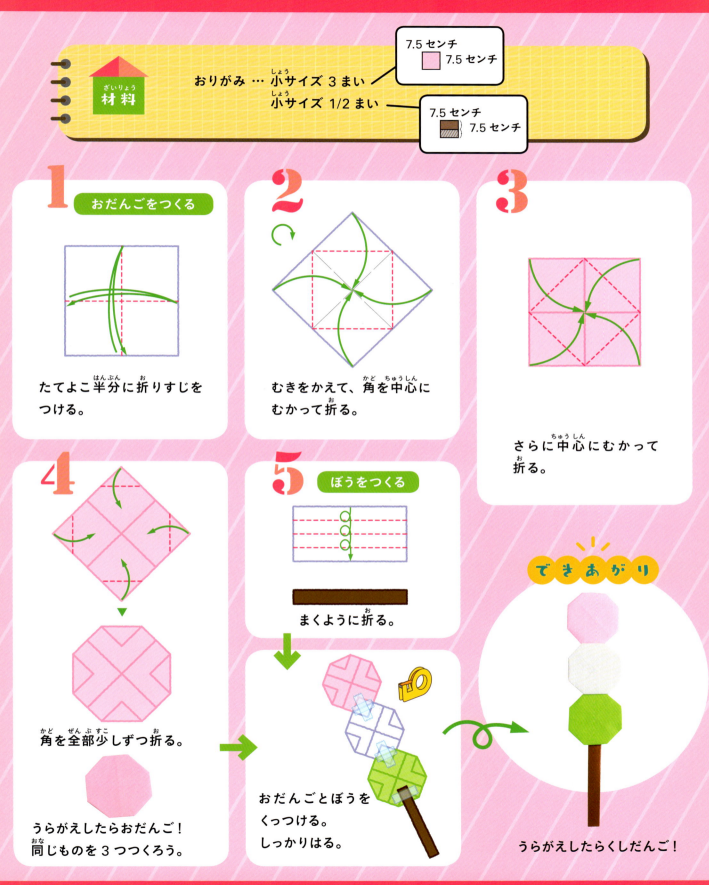

うさぎ

RABBIT

あったかくなると、うさぎもぴょんぴょん♪

みんなに大人気のうさぎさん、イースターにも使えるね！

 **材料**

おりがみ … 1まい
あなあけパンチでぬいた丸（目）… 2まい
15センチ × 15センチ

1

半分に折る。

2

下を 2 センチくらい折る。

3

★の角を上の角にあわせて折る。

4

うらがえして図のように山折りする。

5
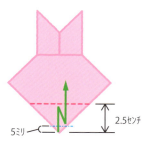
下の角から段折りする。

できあがり

うきやすいところをテープではって、目をつけたらうさぎ！

spring

EASTER EGGS

イースターエッグ

イースターのたまごは、新しいいのちのシンボルなんだって。

たくさんならべると
かわいいね！
カゴに入れてもステキ！

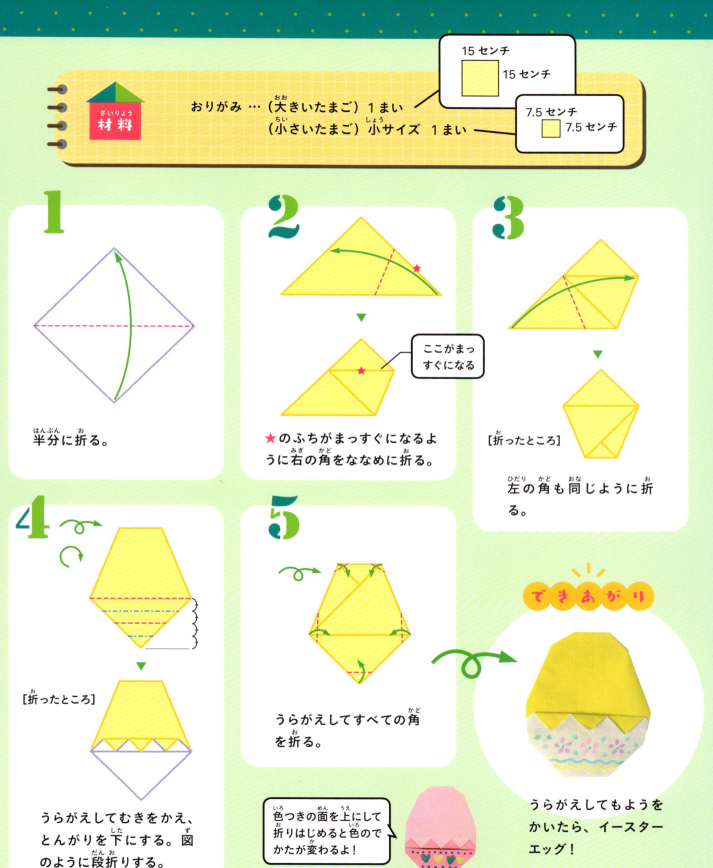

材料　おりがみ … 小サイズ 1まい　□ 7.5センチ×7.5センチ

1

たてよこ半分に折りすじをつける。

2
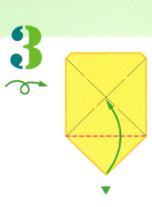
少しあける／少しあける／同じくらいすきまをあけよう

むきをかえ、左右の角は中心まで、上の角は少しずらして折る。

3

うらがえして、下の角を中心まで折る。

4
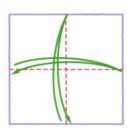
[折ったところ]
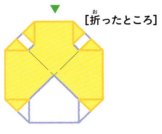
4つの角を、中心から半分のところまで折る。

5

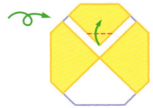
うらがえして角を少し折り、くちばしにする。

できあがり
目をかいたらひよこ！

TULIP
チューリップ
色とりどりのふっくらした花びらに気分もうきうき！

くきやはっぱをつくってはってね！

 **材料** おりがみ … 1まい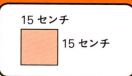
15 センチ × 15 センチ

1

下の角を上の角と少しずらして折る。

2
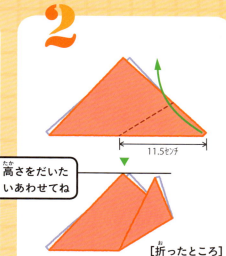
右の角を図のようにななめに折る。
高さをだいたいあわせてね
[折ったところ]
11.5センチ

3
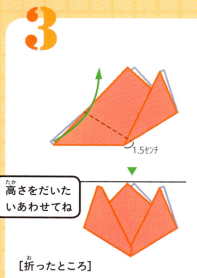
高さをだいたいあわせてね
[折ったところ]
1.5センチ
2で折ったところから1.5センチのところでななめに折る。

4

左右の角をななめにうしろに折る。

5
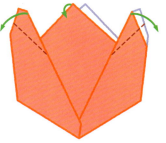
左右の花びらをななめに折る。

できあがり

まん中の花びらを指でくるっと手前にまるめたらチューリップ！

ちょうちょ

BUTTERFLY

ちょうちょがはるを知らせにきたよ！

ふくろ折りにトライしてつくってね。

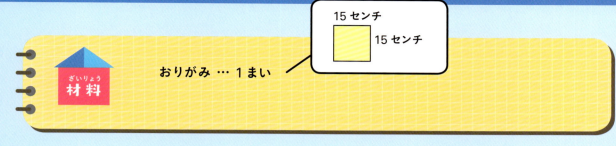

材料 おりがみ … 1まい（15センチ×15センチ）

1
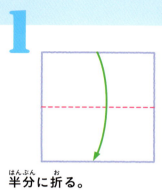
半分に折る。

2
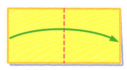
さらに半分に折る。

3
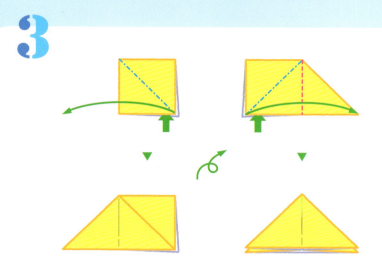
↑からふくろ折りをする（ふくろをひらいてつぶすように折る）。うらがえして同じように折る。

4

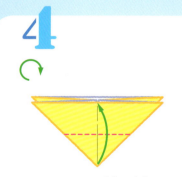
むきをかえ、下の角から半分に折る。

5

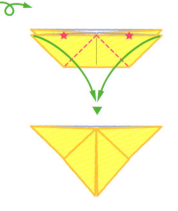
うらがえして★のふちどうしがまん中であうように折る。

できあがり

はねをととのえたら、ちょうちょ！

SANDWICH

サンドイッチ

サンドイッチを持ってピクニックに行きたいね！

おりがみ1まいで
おいしそうなサンドイッチが
できるよ！

材料

おりがみ …（サンドイッチ）1まい
　　　　　（トマト）小サイズ 1まい

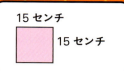

1

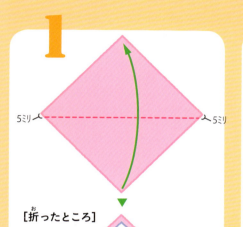

色のついた面を上にして、まん中から5ミリずらして折る。

2

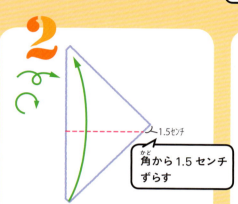

うらがえしてむきを変えて、図のように折る。

3

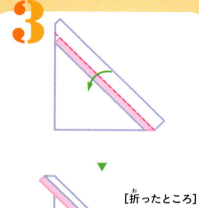

図のようにかぶせるように折る。

4

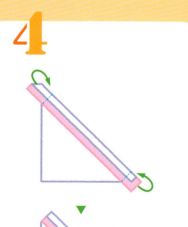

図のように折る。

できあがり

黄色のおりがみならたまごサンド！ ピンクのおりがみならハムサンドだよ！

トマトをつくろう

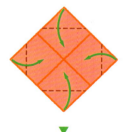

P14のだんごの1〜3まで折ってね。4で上下を大きめに折って、ヘタをつけたらトマト！

STRAWBERRY

いちご

宝石みたいにかわいくて、あまずっぱい人気者！

中にメッセージを書いてあげてもいいね！

材料 おりがみ … 小サイズ1まい　　7.5センチ×7.5センチ

*できあがりの見本は両面おりがみを使っているよ。

1
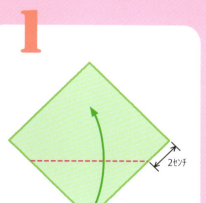

下の角を2センチずらして折る。

2
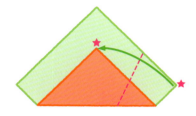

★と★の角があうように折る。

3
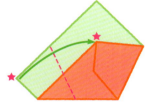

[折ったところ]
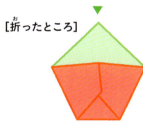

同じように折る。

4
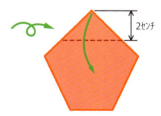

うらがえして上の角を2センチくらい折る。

5
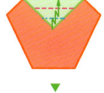

[折ったところ]

段折りする。

できあがり

てんてんをかいたらいちご！へたのところを緑色にぬってもいいね。

RICEBALL

おにぎり

お弁当(べんとう)の定番(ていばん)メニュー！　みんなで食(た)べるとおいしいね♪

なかみはうめぼし？
それともしゃけ？　好(す)きな具(ぐ)の
おにぎりをつくってね

28

 **材料** おりがみ … 1まい（黒）
15 センチ / 15 センチ

1
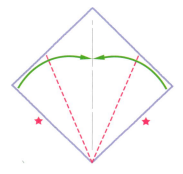
★のふちをまん中あわせで折る。

2
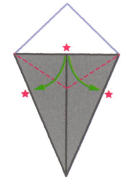
★の角をそれぞれ★のふちまで折る。

3
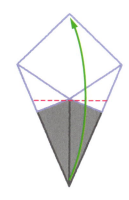
半分に折る。

4
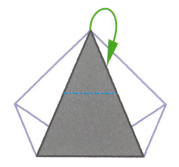
手前の三角の半分を中に折りこむ。

5
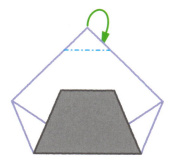
上の角を少ししろに折る。

できあがり

のりをめくって具をかいたらおにぎり！
ごまをかいてもいいね！

BUS

バス

お出かけに気持ちのいい季節、遠足が楽しみだね！

中にお知らせやお手紙をかけるよ！

30

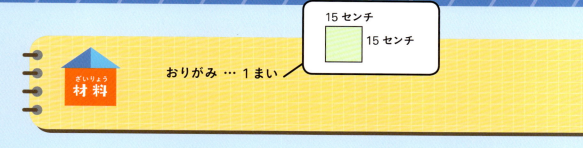

材料　おりがみ … 1まい　15センチ×15センチ

1

1か所まん中に折りすじをつける。

2
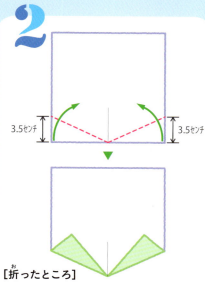
1でつけた折りすじからななめに折る。
［折ったところ］ 3.5センチ　3.5センチ

3
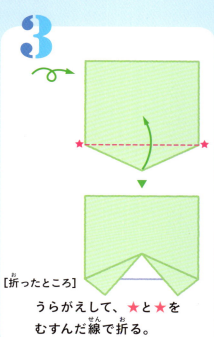
うらがえして、★と★をむすんだ線で折る。
［折ったところ］

4
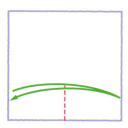
うらがえして、★のふちまで半分に折る。

5
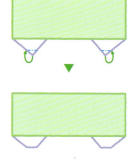
角を少しうしろに折る。
［折ったところ］

できあがり
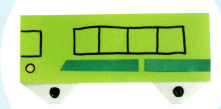
タイヤや窓をかいたら、バス！

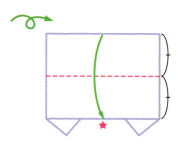

31

HINA DOLLS
おひなさま
ひなまつりは女の子の成長としあわせをねがう行事だよ。

赤いおりがみを半分に切って下にしくといいよ！

材料 おりがみ …（おひなさま・おだいりさま）それぞれ1まい
＊もようつきのおりがみは、すけづらいものを選んでね。

15センチ　15センチ

こんな形に切ってね

しゃく　おうぎ

1
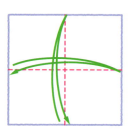
たて半分、横半分に折りすじをつける。

2
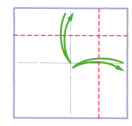
図のように折りすじをつける。

3
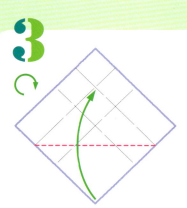
むきをかえて2でつけた折りすじにあわせて折る。

4
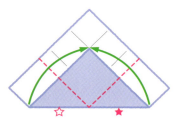

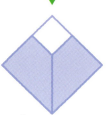
［折ったところ］

☆と★がまん中であうように左右を折る。

5

おだいりさま
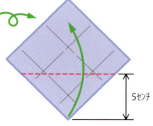
うらがえして下の角を折る。

おひなさま
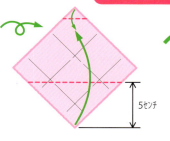
うらがえして上下の角を折る。

できあがり

うらがえして顔をかき、しゃくをつけたらおだいりさま！

うらがえして顔をかき、おうぎをつけたらおひなさま！

CARP STREAMER

こいのぼり

男の子が元気に大きくなったことをおいわいするよ。

新聞紙や画用紙で大きいサイズができるよ！

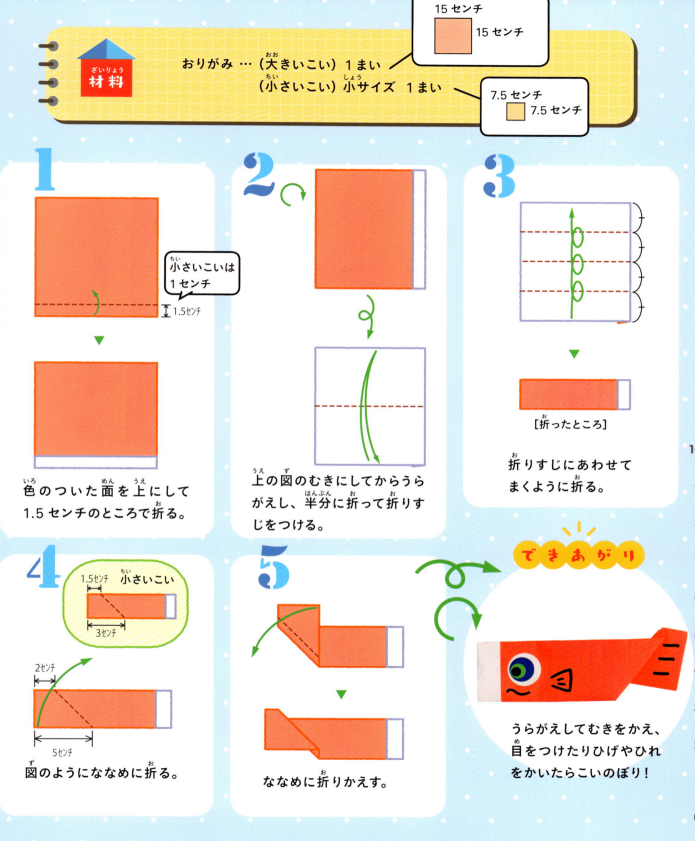

ハンドバッグ

HANDBAG

spring

母(はは)の日(ひ)にはバッグをプレゼント！

ふくろになっているから
ちょっとしたものを
入(い)れてもいいね！

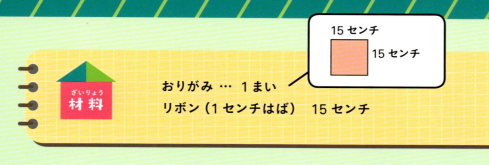

材料

おりがみ … 1まい
リボン（1センチはば） 15センチ

15センチ
15センチ

1

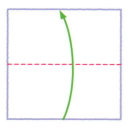

半分に折る。

2

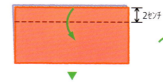

[折ったところ]

1まいだけ手前に折る。

3

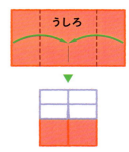

うしろ

うらがえしてまん中あわせで折る。

4

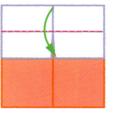

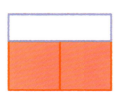

はみ出たところを折る。

5

1.5センチ　1.5センチ

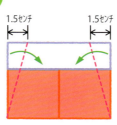

[折ったところ]

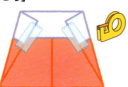

ななめに折ってテープでとめる。

できあがり

うらがえしてもようをかき、リボンの持ち手をつけたらハンドバッグ！

もっとつくろう！！

卒業生のおいわい、新入生のかんげいにも！

P10の「さくら」で
窓かざり！

金色のおりがみでP10の
「さくら」をつくって、紙皿に
はったらゴージャスな**メダル！**

新聞紙でP8の
「てんとうむし」を折ると
バッグができる！

- リボン
- モールの先をくるくる
してからはろう
- 折りかたはP8の
「てんとうむし」
- おりがみをはる

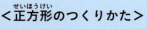

＜正方形のつくりかた＞

中の三角を広げる

ここが重なっているよ

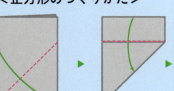

見開きを半分に折った
サイズからスタート

新聞紙で大きな正方形をつくってから
「てんとうむし」を折ろう

38

イースターのかべかざり

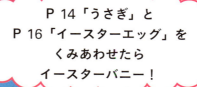

P14「うさぎ」と
P16「イースターエッグ」を
くみあわせたら
イースターバニー！

P20の「おにぎり」で
絵合わせゲーム！

おにぎりの具は丸シールをはってつくろう！　赤はうめぼし、ピンクはしゃけ、みどりはなあに？

小サイズのおりがみでおにぎりをたくさんつくろう！　同じ具を2つずつ何組かつくったら、トランプの絵合わせと同じようにあそべるよ！

39

作・構成　いしかわ☆まりこ

千葉県生まれの造形作家。
おもちゃメーカーにて開発・デザインを担当後、映像制作会社で幼児向けビデオの制作や、NHK「つくってあそぼ」の造形スタッフをつとめる。現在はEテレ「ノージーのひらめき工房」の工作の監修（アイデア、制作）を担当中。工作、おりがみ、立体イラスト、人形など、こどもや親子、女性向けの作品を中心に、こども心を大切にした作品をジャンルを問わず発表している。親子向けや指導者向けのワークショップも開催中。
著書に「おりがみでごっこあそび」（主婦の友社）「カンタン！かわいい！おりがみあそび①〜④」（岩崎書店）、「たのしい！てづくりおもちゃ」「おって！きって！かざろうきりがみ」〈2冊とも親子であそべるミニブック〉（ポプラ社）、「みんな大好き！お店やさんごっこ - かんたんアイテム150」（チャイルド本社）、「ラクラク！かわいい！！女の子の自由工作BOOK」（主婦と生活社）、「楽しいハロウィン工作」（汐文社）などなど。

5回で折れる 季節と行事のおりがみ

❶ はる
〜さくら・ちょうちょ・おひなさまほか〜
2018年7月　初版第一刷発行

作　いしかわ☆まりこ
発行者　小安宏幸
発行所　株式会社汐文社

〒 102-0071
東京都千代田区富士見 1-6-1
TEL 03-6862-5200　FAX 03-6862-5202
http://www.choubunsha.com

印刷　新星社西川印刷株式会社
製本　東京美術紙工協業組合

ＩＳＢＮ 978-4-8113-2515-6

写真　安田仁志
図版作成　もぐらぽけっと
デザイン　池田香奈子
協力　西村由香